BIBLIOTHÈQUE DE LA SOCIÉTÉ
DES
ARCHITECTES DIPLOMÉS PAR LE GOUVERNEMENT

PROTESTATION

CONTRE UN RÉCENT PROJET DE TRANSFORMATION

DU

PALAIS ROYAL

Présentée a Monsieur le Ministre de l'Instruction Publique
et des Beaux-Arts

PAR LA

SOCIÉTÉ DES ARCHITECTES DIPLOMÉS PAR LE GOUVERNEMENT

Émile Dupezard

Architecte en chef du Gouvernement
Président de la 1re commission
Rapporteur du Comité

OCTOBRE 1912

SIÈGE SOCIAL
59, RUE DE GRENELLE, PARIS-VIIe

PROTESTATION

CONTRE UN RÉCENT PROJET DE TRANSFORMATION

DU

PALAIS ROYAL

BIBLIOTHÈQUE DE LA SOCIÉTÉ
DES
ARCHITECTES DIPLOMÉS PAR LE GOUVERNEMENT

PROTESTATION

CONTRE UN RÉCENT PROJET DE TRANSFORMATION

DU

PALAIS ROYAL

Présentée a Monsieur le Ministre de l'Instruction Publique

et des Beaux-Arts

par la

SOCIÉTÉ DES ARCHITECTES DIPLOMÉS PAR LE GOUVERNEMENT

Émile Dupezard

Architecte en chef du Gouvernement
Président de la 1re commission
Rapporteur du Comité

OCTOBRE 1912

SIÈGE SOCIAL
59, RUE DE GRENELLE, PARIS-VIIe

PROTESTATION

DE LA

SOCIÉTÉ DES ARCHITECTES DIPLOMÉS PAR LE GOUVERNEMENT
CONTRE UN RÉCENT PROJET
DE TRANSFORMATION DU PALAIS ROYAL

Les journaux ont fait grand bruit, dans ces derniers temps, d'un gigantesque projet de transformation du Palais Royal qui, après tant d'autres déjà mis en avant sans aucun succès, aurait pour but de ramener la vie dans ce lieu jadis si brillant et si plein de mouvement, mais quelque peu délaissé depuis que commença à disparaître de ses galeries le commerce de luxe auquel il avait dû longtemps son éclat et sa prospérité.

L'*Illustration* du 6 juillet dernier a donné les grandes lignes de ce projet et en a publié un plan et une perspective à vol d'oiseau. Comme le dit ce journal, « l'économie financière du projet repose en grande partie sur le transfert de la Bourse dans un nouveau bâtiment qui serait construit au milieu du jardin du Palais-Royal ». Le pâté de maisons entre la rue de Beaujolais et celle des Petits-Champs est démoli, laissant libre un espace qui serait occupé par des rampes avec perron central, au-devant de guichets qu'on ouvrirait dans l'aile nord, dite de Beaujolais, pour permettre aux voitures l'accès du jardin. D'autre part, entre la rue des Petits-Champs et le Théâtre Français, la largeur de la rue de Richelieu est portée à vingt mètres, aux dépens du côté pair dont les maisons sont démolies. La rue de Montpensier disparaît, et les bâtiments en bordure du jardin, qui donnent sur cette rue, prennent plus de profondeur pour être amenés en façade sur la rue de Richelieu. Dans l'axe transversal du jardin, une voie de trente mètres de large est créée, partant de la rue de Richelieu et aboutissant à l'avenue de l'Opéra ; « des guichets monumentaux, accessibles aux voitures », relieraient cette voie à une rue qui ferait le tour intérieur du jardin. Enfin une autre voie, également de trente mètres, mettrait en communication la Bourse de Commerce avec l'avenue de l'Opéra, là où elle commence. Après une légère inflexion, elle passerait entre le jardin et la cour d'honneur du Palais Royal, en absorbant la galerie d'Orléans ainsi que la partie des ailes du palais où se trouvent respectivement les deux péristyles de Valois et de Montpensier.

A vrai dire, ce projet, dont le promoteur est M. Bloch-Levalois, se présente comme une vaste opération financière laissant, avant tout, le champ ouvert à la spéculation. Il changerait considérablement, c'est bien certain, la physionomie générale du quartier ; mais, malheureusement, il serait loin de répondre à ce qu'on en attend d'avantageux pour le Palais Royal, parce qu'il commence — étrange moyen de salut — par apporter la dévastation et la ruine là où il y a lieu uniquement de rechercher une amélioration de l'état de choses actuel, qui soit susceptible de provoquer ce rajeunissement, cette sorte de renaissance dont on souhaite la réalisation.

Et en effet, pour être à même de poursuivre sans obstacle les grands travaux de voirie que comporte le projet, on ne se fait aucun scrupule de porter atteinte, de la façon la plus regrettable, à l'intégrité du Palais Royal en démolissant délibérément certaines parties importantes de ses bâtiments et en sacrifiant ce magnifique jardin qui lui donne un attrait tout spécial.

Aussi, tous ceux qui possèdent quelque peu le sentiment de l'art, tous ceux qui ont le souci du respect dû aux monuments que nous a légués le passé, ont-ils appris avec stupéfaction et non sans une profonde indignation que l'un des plus remarquables parmi les édifices qui font l'ornement de la capitale, l'un des plus universellement connus, se trouvait menacé d'un bouleversement, d'une mutilation même, de nature à altérer complètement le caractère architectural qui lui est propre.

Le Conseil municipal n'a pas manqué de s'en émouvoir, mais il ne pouvait qu'émettre un vœu, puisque le Palais Royal dépend de l'État. Après une assez vive discussion et un vote unanime, il s'est prononcé contre le projet actuellement en question, mais en exprimant l'avis qu'il fallait encourager toutes propositions ayant en vue le dégagement des accès du palais, sans cependant que rien n'en vienne modifier l'aspect.

La Société des Architectes diplômés par le Gouvernement ne devait pas, de son côté, rester indifférente et, tant au nom des lois de l'esthétique qu'à celui des nombreux souvenirs qu'évoque le Palais Royal, souvenirs d'événements souvent tragiques et qui ont un lien étroit avec l'histoire même de notre pays au cours des trois derniers siècles, elle vient, jetant elle aussi un cri d'alarme, protester de la façon la plus énergique contre toute profanation possible.

*
* *

Le Palais Royal forme un tout auquel on ne saurait toucher sans lui enlever quelque chose du prestige qui s'attache à son nom, sans qu'il cesse en un mot d'être lui-même.

Il se présente d'ailleurs à nos yeux comme un merveilleux ensemble de constructions élevées à des époques différentes par des architectes célèbres, tels que Le Mercier, Contant d'Ivry, Moreau, Louis, Fontaine, P. Chabrol, mais néanmoins soudées les unes aux autres avec le souci constant de conserver entre elles une heureuse harmonie; et de fait, on ne peut le contester, le long développement de leurs façades revêt un aspect de noble et grandiose unité dont le charme serait à jamais détruit si l'on y apportait le moindre changement.

La vogue légendaire dont jouissait autrefois le Palais-Royal tenait à des causes qu'il est impossible de faire renaître, car une évolution s'est faite dans les mœurs et les conditions de la vie parisienne ne sont plus ce qu'elles étaient aux temps heureux du palais, c'est-à-dire non seulement à l'époque florissante des galeries de bois, des tripots ou autres lieux plus ou moins interlopes, mais même encore sous le règne de Louis-Philippe et dans les premières années du second Empire. Des embellissements successifs sont venus au siècle dernier modifier la physionomie de Paris ; de nouveaux et riches quartiers ont pris naissance ; la population élégante s'est portée vers ceux de l'ouest et bientôt on a vu s'y élever, en grand nombre, de splendides demeures, des hôtels, des maisons de rapport, aménagés avec tout le confort moderne.

En même temps, de beaux et spacieux magasins s'installaient à grands frais non seulement dans ces quartiers neufs, mais aussi sur les boulevards, dans la rue de la Paix, dans la rue Royale et enfin dans l'avenue de l'Opéra qui, parmi les grandes voies nouvelles, devenait l'une des plus splendides et s'animait d'un mouvement de circulation des plus actifs, au détriment toutefois du Palais Royal son voisin. Si encore ce dernier eût été rendu plus abordable, ses galeries auraient continué à attirer le public malgré l'apparence relativement modeste de leurs boutiques dont les devantures uniformes et assez étroites se prêtent peu à une transformation. Mais les principaux commerçants, qui avaient d'ailleurs constitué un syndicat pour tâcher d'obtenir des améliorations profitables, las d'attendre, donnèrent l'exemple de la désertion ; peu à peu, les grands bijoutiers, dont naguère les étalages brillaient côte à côte, allèrent s'installer autre part. Puis on vit disparaître les grands restaurants, les cafés réputés, tous ces établissements de commerce ou de plaisir, si achalandés, qui avaient fait l'admiration et les délices de nos pères, et qui, pour le monde de la province et de l'étranger, constituaient des éléments variés d'attraction qu'on savait, au reste, ne pouvoir rencontrer qu'au Palais Royal.

Malgré tout, ce palais est loin d'être devenu une nécropole. S'il n'a plus l'animation de jadis, on y circule encore, on y vient flâner, se reposer, entendre les concerts ; il n'est pas enfin aussi complètement abandonné qu'on se plaît à le dire — sa situation au cœur même de Paris s'y oppose — et d'autre part, il n'a, à la vérité, rien perdu ni de son charme, ni de son intérêt.

Néanmoins, on ne peut nier qu'il y ait quelque chose à faire pour essayer de rendre meilleures les conditions précaires de son état présent. Il faut bien l'avouer, le public a beaucoup trop à chercher, s'il n'est pas initié, pour y pénétrer; et, lorsqu'il veut en sortir, il ne sait jamais de quel côté s'orienter pour trouver l'issue convenable. Aussi bien, puisque c'est surtout au point de vue commercial que le Palais Royal est tombé en disgrâce, qu'on fasse donc tout ce qui sera possible pour donner à la clientèle le moyen d'y arriver sans peine, et bientôt les affaires y prendront un nouvel essor.

Les Architectes diplômés par le Gouvernement, dont la protestation contre le projet en cause n'est pas purement négative, sont d'avis qu'on doit s'efforcer d'atteindre ce but; et s'ils se montrent hostiles à ce projet, c'est qu'ils en réprouvent certaines dispositions tout à fait fâcheuses, disons même néfastes. Ils sont convaincus qu'il n'y a réellement pas autre chose à faire que de dégager d'une manière judicieuse les abords de l'édifice, notamment par la démolition des maisons situées entre les rues des Petits-Champs et de Beaujolais et par l'élargissement, s'il se peut, des rues latérales, que de pratiquer dans le Palais Royal, et pour les seuls piétons, des entrées plus spacieuses et plus visibles que celles qui existent, de façon à permettre de toutes parts un accès facile des galeries et du jardin. Toute tentative dans ce sens doit être favorisée ; mais c'est à la condition que, quoi qu'on fasse, le plan général du palais ne subisse aucune modification, que la belle ordonnance architecturale de l'ensemble des bâtiments soit respectée, qu'enfin, et surtout, le jardin conserve intact l'aspect que nous lui connaissons.

On doit au contraire repousser toute proposition tendant, ainsi que divers projets aussi irréalisables les uns que les autres le comportaient, soit à créer à l'intérieur du jardin des entreprises, installations ou attractions encombrantes quelconques qui, vouées d'ailleurs à un échec certain, comme toutes celles qui furent tentées, auraient pour effet de diminuer l'espace libre, soit encore à y ouvrir des voies carrossables le traversant de part en part, pour le plus grand trouble des promeneurs.

L'un de ces projets imaginait une rue qui, empruntant le jardin et les cours du palais, aurait mis en communication la rue Vivienne avec la place du Palais-Royal. Il est inutile d'insister sur les difficultés et les inconvénients qui se fussent présentés, tant en raison de la différence de niveau existant entre la rue Vivienne et le sol du jardin, que par la regrettable nécessité de passer à travers la galerie d'Orléans et le corps de bâtiment principal occupé par le Conseil d'État, car il aurait fallu utiliser comme guichets les arcades du vestibule d'honneur entre les deux cours, au demeurant bien étroites, et qui eussent offert un passage absolument insuffisant et mesquin.

On a pensé encore à percer une rue transversale qui aurait coupé le jardin en son milieu : c'était la destruction même de ce dernier, auquel était dès lors enlevé tout son caractère et cette grande unité qui en fait la beauté.

Un autre projet consistait à créer une voie reliant la Bourse de Commerce à l'avenue de l'Opéra, comme le propose M. Bloch-Levalois, mais directement et sans aucune inflexion. La galerie d'Orléans n'était pas démolie, car la voie projetée longeait cette galerie par une emprise sur le jardin, et il était pratiqué des guichets dans les bâtiments latéraux.

Ce projet avait, tout comme au reste celui qui nous occupe, le grave défaut de ne pas tenir compte de l'obligation de mettre à bas un charmant petit hôtel, situé entre la rue des Bons-Enfants et la rue de Valois, l'ancien hôtel de la Chancellerie d'Orléans, construit au commencement du xviiie siècle, par l'architecte Boffrand, et dans lequel on admire encore un très beau et riche salon dont le plafond a été peint par Antoine Coypel. Occupée aujourd'hui par l'industrie, cette demeure a été quelque peu dénaturée, mais l'on doit appeler de tous ses vœux le jour où elle sera remise en son état primitif, et l'on peut même espérer la voir classer comme monument historique.

FAÇADES SUR LE JARDIN DU PALAIS ROYAL.
Élévation géométrale d'après un dessin de V. *Louis*, annexé aux lettres patentes de 1784.

FIG. 2. — VUE DU JARDIN DU PALAIS ROYAL. D'après une planche de l'ouvrage "Le Palais Royal de Paris", par F. *Dupeçard*.

En somme, ces différents projets, qui coupaient par des rues transversales le jardin du Palais Royal, auraient-ils eu pour effet de rendre plus active, comme on le désire, la circulation dans les galeries ? Il est permis d'en douter, car s'il se fût produit en réalité un mouvement assez intense de voitures et de piétons dans ces rues nouvelles, les galeries latérales n'en auraient guère profité, le public n'ayant peut-être pas toujours été tenté de se détourner de son chemin pour les parcourir.

Nous ne pouvons nous empêcher de faire remarquer incidemment que pour dégager le Palais Royal à ses deux extrémités et en même temps pour assurer, sans qu'il soit besoin d'ouvrir aucune rue à travers celui-ci, des moyens de communication plus faciles entre les quartiers de l'est et ceux de l'ouest, une opération avantageuse s'impose, qu'on semble, en vérité, un peu oublier : c'est l'élargissement, pourtant si utile, des deux rues des Petits-Champs et Saint-Honoré, toujours encombrées. Il serait urgent que l'édilité parisienne se décidât à l'entreprendre sans trop tarder, car son résultat, au double point de vue que nous venons d'indiquer, serait absolument certain.

L'élargissement de la rue des Petits-Champs, y compris la démolition des maisons entre celle-ci et la rue de Beaujolais, qui disparaîtrait, laisserait découvert, dans la longueur comprise entre la rue de Richelieu et les bâtiments de la Banque de France, un grand espace de 35 mètres de large, et donnerait à l'arrivée dans le Palais Royal, vis-à-vis de la rue Vivienne et de la Bibliothèque Nationale, une certaine ampleur. Il serait d'ailleurs nécessaire d'établir un perron et des rampes en pente douce, indispensables pour rattraper la différence de niveau entre la rue des Petits-Champs, d'une part, et la rue de Valois, la rue de Montpensier et le jardin, de l'autre. Ces rampes et ce perron pourraient être accompagnés de parties gazonnées et de balustrades avec vases, candélabres, motifs de décorations, etc., du plus heureux effet.

*****

Examinons maintenant les dispositions du projet Bloch-Levalois qui menacent particulièrement de détruire la physionomie actuelle du Palais-Royal.

A cet égard, le projet est surtout attaquable sur deux points, d'abord le percement de la rue de trente mètres allant de la Bourse de Commerce à l'avenue de l'Opéra, et ensuite l'installation de la Bourse des valeurs dans le jardin.

En ce qui concerne le premier point, est-il possible d'admettre que, pour donner passage à la voie nouvelle à travers le Palais Royal, on fasse disparaître non seulement la galerie d'Orléans, mais aussi les deux pavillons symétriques auxquels celle-ci se soude à ses extrémités et qui établissent une transition si réussie entre l'ordonnance architecturale des façades sur la cour d'honneur et celle des façades de l'architecte Louis, sur le jardin ? On peut s'imaginer la lamentable impression que produirait la coupure opérée, par leur démolition, dans cette belle suite de bâtiments.

Ces deux pavillons de Valois et de Montpensier renferment d'autre part, au premier étage notamment, de nombreuses et magnifiques pièces qui faisaient autrefois partie des grands appartements du palais et dont la disparition équivaudrait à un désastre. C'est même là que se trouvent les seules décorations anciennes qui subsistent encore et qui ont pu être sauvées des incendies ou conservées précieusement à la suite de transformations intérieures. Il nous suffira de citer le délicieux cabinet du sous-secrétaire d'État des beaux-arts, ainsi que les salons attenants.

Et quand bien même, renonçant à la démolition radicale de ces deux corps de bâtiments pour ne supprimer que la galerie d'Orléans, l'on songerait uniquement à pratiquer, par des guichets, un passage à travers les deux péristyles qui occupent leur rez-de-chaussée sur une profondeur qui n'a pas moins de 22 mètres, ce ne serait là qu'un expédient d'une réalisation impossible. En effet, les points d'appui, espacés de trois mètres seulement d'axe en axe, ne laissant pas entre eux assez de largeur pour les voitures, il faudrait les remplacer par une autre disposition qui, malgré toute l'ingéniosité des moyens employés, ne manquerait pas, en raison de la hauteur relativement restreinte des péristyles, de faire paraître ces passages à couvert comme écrasés et de leur donner l'aspect le plus déplorable. Pense-t-on, d'ailleurs, au bruit et à la trépidation qu'occasionnerait le roulement incessant des voitures au-dessous des pièces affectées, du côté de Valois, aux cabinets et bureaux de l'administration des beaux-arts et, du côté de Montpensier, à tel grand service public qui sera appelé à prendre la place de la Cour des Comptes?

*
* *

Il nous reste à parler de la partie du projet Bloch-Levalois qui, ainsi que nous l'avons dit en commençant, constitue la base sur laquelle semble reposer toute son économie et qui vient principalement bouleverser le Palais Royal de la façon la plus choquante et la plus funeste. Il s'agit de la construction, au milieu du jardin, d'un bâtiment dans lequel serait transférée la Bourse des valeurs. D'après le plan reproduit par l'*Illustration*, ce bâtiment mesurerait environ 180 mètres de longueur sur 45 mètres de largeur; le jardin ayant 226 mètres sur 92 mètres, il occuperait donc, sur les 20.853 mètres de contenance totale, 8.100 mètres de superficie — ce qui, somme toute, n'aurait rien d'exagéré pour les besoins de la Bourse, étant donné que tous les services devraient être de plain-pied, sans entresols (1).

Il ne serait distant des immeubles particuliers qui forment les trois côtés du jardin, que d'une vingtaine de mètres; c'est dire qu'il en résulterait incontestablement une notable dépréciation pour les appartements, toujours très recherchés, de ces immeubles, leurs habitants se trouvant désormais privés de l'air et de la vue dont ils jouissent si agréablement sur un large espace planté d'arbres et de fleurs.

---

(1) La Bourse actuelle représente 4.855 mètres de surface construite. En comptant le premier étage et les entresols et sous-sols, la surface totale occupée est de 7.800 à 8.000 mètres au minimum. Et elle est insuffisante, malgré les adjonctions faites il y a quelques années.

Alors que, tant par raison d'hygiène que pour contribuer à l'embellissement de la capitale, on cherche à y multiplier parcs et squares verdoyants, promenades ombragées et larges avenues bordées de plantations, tout ce qui peut constituer, dans une grande ville, des réserves d'air pur nécessaires à la santé des habitants, la destruction du jardin du Palais Royal ne serait-elle pas à la fois une grave erreur et un véritable meurtre ? Tout parisien se sent réellement le cœur serré à la seule pensée qu'il pourrait voir un jour son pauvre Palais Royal abîmé, dénaturé !

Ouvert au public au milieu d'un cadre sans pareil de bâtiments d'une architecture imposante et régulière, lui-même, d'ailleurs, bien approprié à ce cadre et participant à la beauté de l'ensemble par son harmonieuse symétrie, ce jardin n'est-il pas, au centre de Paris, un lieu de promenade non seulement utile, mais aussi des plus attrayants, des plus appréciés, pour le calme qu'il respire, pour la tranquillité et le repos qu'on peut y goûter à toute heure, pour la sécurité qu'il offre aux nombreux enfants du quartier qui viennent y prendre leurs ébats ?

De ce jardin, unique au monde, rien ne subsisterait que des voies latérales, où, non sans danger, circuleraient les voitures, et qui contourneraient cette malencontreuse construction qu'on se propose d'élever sur l'emplacement des deux parterres et du bassin, en supprimant, sinon tous les arbres, mais tout au moins les quatre rangées qui longent les parterres !

A un autre point de vue, l'installation d'une Bourse au Palais Royal est inacceptable. On sait, en effet, de quelles tumultueuses et assourdissantes clameurs s'accompagnent d'ordinaire les réunions qui se tiennent, à certaines heures, tant à l'extérieur qu'à l'intérieur d'un édifice de ce genre ; un tel voisinage deviendrait bien vite intolérable pour les grandes administrations publiques, Conseil d'État, sous-secrétariat d'État des beaux-arts, qui occupent le palais, ainsi, du reste, que pour les habitants riverains.

Afin de répondre d'avance aux objections que ne pouvait manquer de soulever cette idée singulière d'édifier un palais de la Bourse dans le jardin du Palais Royal, on a cru utile d'invoquer un soi-disant précédent ; on a même parlé d'une reconstitution, en rappelant ce cirque fameux qui fut érigé de 1786 à 1788 et fut détruit par un incendie en 1798. Mais il est à douter qu'on ait l'intention d'adopter aujourd'hui, pour l'édifice projeté, des dispositions analogues à celles que comportait cette ancienne construction et qu'on se garde bien de préciser.

Voici, en effet, la description qui est donnée du cirque par Dulaure : « Il offrait dans son plan un parallélogramme très allongé. Une partie de sa construction était souterraine et avait treize pieds trois pouces (4 mètres 30) de profondeur. L'autre partie s'élevait au-dessus du sol du jardin, à la hauteur de neuf pieds huit pouces (3 mètres 13). La partie souterraine présentait une arène éclairée par en haut, séparée d'une galerie par soixante-douze colonnes doriques cannelées. Cette galerie communiquait à une seconde par des portiques. A l'arène venait aboutir une route en pente douce et tournante, qui partait des bâtiments du palais. Il s'y est tenu des séances de diverses sociétés ; on y a joué la comédie. La partie supérieure, qui s'élevait au-dessus du sol du jardin, était décorée de soixante-douze colonnes ioniques et entièrement revêtue de treillages. On avait projeté de placer, le long des faces latérales, des bassins avec des jets d'eau. Cette décoration extérieure devait être ennoblie par les bustes des grands hommes de France. Jamais les eaux n'y jouèrent, jamais les bustes n'y furent placés. » D'après Fontaine, « on devait, des appartements, arriver au cirque par une petite galerie à jour avec terrasse au-dessus, et par un couloir souterrain dans les parties basses du palais ».

Le duc de Chartres, ensuite duc d'Orléans, Louis-Philippe-Joseph, surnommé « Egalité » à la Révolution, qui tenait de ses ancêtres le Palais Royal comme apanage, avait fait construire le cirque peu de temps après l'achèvement des bâtiments que, en 1781, il avait été autorisé, par lettres patentes, à édifier, d'après les plans de l'architecte V. Louis, tout autour du jardin, en prélevant sur l'ancien jardin du Palais Cardinal la bande de terrain nécessaire à leur érection ainsi qu'à la création des trois rues (de Montpensier, de Beaujolais et de Valois) qui les entourent extérieurement et qui, alors, prenaient le nom de « passages ».

Ce cirque partait, au sud du jardin, des célèbres galeries de bois qui, en 1784 et par ordre du duc de Chartres, avaient été élevées sur les substructions de l'aile du palais qui devait former le quatrième côté du jardin, mais dont la construction, alors qu'elle était à peine sortie de terre, fut arrêtée par suite d'embarras financiers. On renonça, par la suite, à poursuivre l'édification de cette aile, projetée entre la cour d'honneur et le jardin, pour la raison, d'ailleurs excellente et qu'il est bon de noter ici, que ce bâtiment assombrirait trop la cour et diminuerait beaucoup à l'œil l'étendue déjà un peu resserrée du jardin ; et, en 1828, les galeries de bois furent remplacées par la galerie d'Orléans.

On vient de voir que, pour ne pas obstruer la vue, la construction parasite, dénommée *cirque*, se trouvait établie moitié au-dessous et moitié au-dessus du sol. Comme étendue, elle n'avait que 23 mètres de largeur et ne s'avançait dans le jardin qu'à une distance de 142 mètres environ des galeries de bois, laissant au nord un espace libre de près de 85 mètres de longueur et, sur chaque côté, de 35 mètres environ de largeur. Et cependant, elle souleva d'ardentes critiques et, dit encore Dulaure, le duc de Chartres s'attira les sarcasmes du public (1).

Comme on peut s'en rendre compte par ce qui précède, l'édifice projeté pour la Bourse et qui, lui, ne l'oublions pas, serait planté au milieu du jardin et occuperait une étendue représentant la moitié de sa largeur et les quatre cinquièmes de sa longueur, cet édifice aurait une bien autre superficie que celle de l'ancien cirque. Car, alors que ce dernier avait seulement 2.830 mètres de surface, la Bourse mesurerait 8.000 mètres carrés environ, soit, en plus, une différence de 5.200 mètres, c'est-à-dire le quart exactement de la contenance du jardin.

Quant à la hauteur qui devrait être donnée, il ne faut

---

(1) Voir le plan à la fin de la brochure.

pas se faire illusion sur la dimension à laquelle on serait forcément conduit. Non seulement on ne se résoudrait certes pas à enterrer en partie ce bâtiment et à ne l'élever qu'à trois mètres au-dessus du sol comme le cirque, ce qui serait, dans l'espèce, absolument dérisoire, mais ce n'est pas même de six ou sept mètres d'élévation, ainsi qu'on le prétend, qu'on pourrait se contenter pour une construction de 45 mètres de large sur 180 et qui devrait être occupée en grande partie par un vaste hall (1).

Nous sommes donc bien loin d'une équivalence avec ce cirque qu'on se plaît tant à nous donner comme exemple de ce qu'on veut faire, et il est bien vrai de dire qu'il ne resterait rien du jardin que des rues latérales intérieures, bordées, d'un côté, par les immeubles actuels et, de l'autre, par un immense bâtiment d'une hauteur à peu près semblable, puisqu'elle devrait atteindre pour le moins de quinze à vingt mètres et que ces immeubles mesurent précisément quinze mètres jusqu'à la balustrade et vingt mètres environ jusqu'au faîtage. C'en serait fait, dès lors, de l'agréable et bien particulière impression d'art que donne la belle perspective de cette vaste enceinte.

* *
*

L'État, propriétaire du jardin, de la galerie d'Orléans ainsi que des bâtiments qui constituent le palais proprement dit, est en mesure de s'opposer à des entreprises aussi malheureuses qui, venant gâter l'une des plus belles choses de Paris, ne tarderaient pas à exciter une réprobation universelle. Il se trouve lié, au reste, par des obligations réciproques envers les trente-neuf propriétaires d'immeubles sur le jardin, en vertu de secondes lettres patentes, datées du 13 août 1784 et par lesquelles le duc Louis-Philippe-Joseph d'Orléans fut mis à même de vendre les maisons qu'il avait fait construire en bordure du jardin, comme nous l'avons mentionné plus haut.

Ces lettres patentes imposent aux propriétaires l'obli-

(1) La Bourse actuelle a, du sol du hall jusqu'au plafond vitré seulement, une hauteur de 24 mètres.

gation « *d'entretenir à perpétuité, même de reconstruire les bâtiments, en cas de besoin, dans les mêmes état, forme, dimensions et décorations extérieures* ». De son côté, l'Etat doit garantir à ces propriétaires les vues d'une face à l'autre du jardin et assurer la libre circulation, tant dans ce dernier que dans les galeries, qui sont réservées par les contrats de vente comme constituant une servitude de passage.

Nous devons faire observer ici qu'il ne faudrait pas considérer comme établissant un précédent la présence, au nord du jardin, du petit pavillon dit « de la Rotonde », car cette construction légère n'a été autorisée qu'à titre de tolérance, révocable au gré de l'administration.

L'acquisition, par une société immobilière, de tous les immeubles en bordure du jardin ne changerait rien aux servitudes imposées aux propriétaires de ces immeubles par les lettres patentes. Et, de ce qu'il n'y aurait plus qu'un seul propriétaire, il ne faut pas admettre que ce dernier puisse se mettre d'accord avec l'État pour, réciproquement, s'affranchir de leurs obligations.

La situation actuelle ne peut être modifiée que par une loi : mais notre Société a grande confiance dans la haute sagesse et l'esprit éclairé des pouvoirs publics. Connaissant la sollicitude du Gouvernement pour tout ce qui touche à l'intérêt général, elle l'adjure d'empêcher, en gardien vigilant de notre patrimoine artistique, l'exécution de tout projet susceptible de compromettre l'intégrité d'un monument qui compte comme l'un des plus beaux et des plus riches en souvenirs, entre tous ceux qui font partie du domaine national.

*
* *

Comme conclusion à la protestation qu'on vient de lire, et qui ne vise, en somme, que les parties du projet Bloch-Levalois particulièrement préjudiciables au Palais-Royal, la Société des Architectes diplômés par le Gouvernement croit devoir émettre un double vœu, analogue à celui déjà exprimé par la commission du Vieux Paris et qui répond, d'ailleurs,

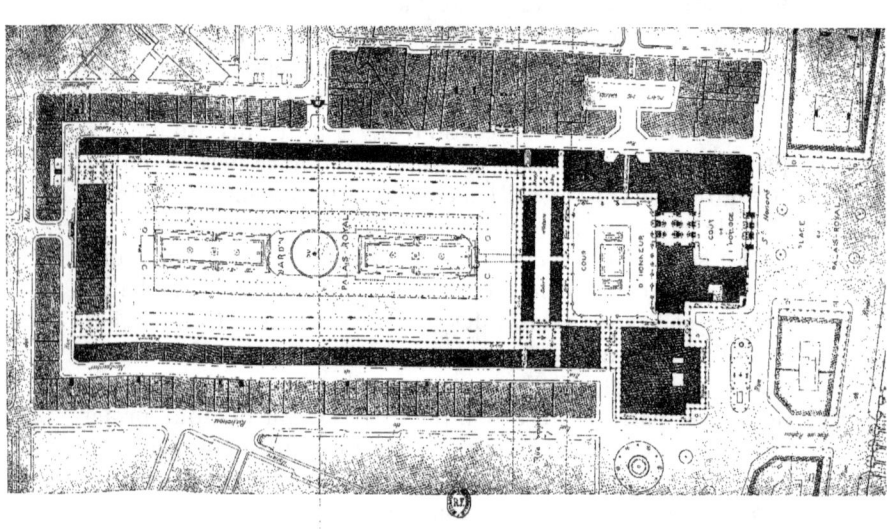

Fig. 3. — Plan aérien du Palais Royal.

Légende:
Jardin.
------ Emplacement de l'ancien cirque.
.... Périmètre du bâtiment projeté pour la Bourse.

à un sentiment partagé par tous les hommes de bon sens et les vrais amis de l'art. C'est :

1º Que soit repoussée toute tentative de transformation du Palais Royal qui aurait pour conséquence de modifier en quoi que ce soit les dispositions générales et l'aspect architectural du monument ;

2º Que, pour assurer la conservation intégrale de toutes les parties de l'édifice et du jardin dans leur état actuel, le Palais Royal soit, au plus tôt, classé comme monument historique.

Le rapporteur du Comité,

EMILE DUPEZARD,

Octobre 1912. *Président de la 1ʳᵉ commission.*

IMP. G. KADAR, PARIS.

www.ingramcontent.com/pod-product-compliance
Lightning Source LLC
Chambersburg PA
CBHW060903050426
42453CB00010B/1548